Bibliografische Information der Deutschen Nationalbibliothek:

Die Deutsche Bibliothek verzeichnet diese Publikation in der Deutschen National-
bibliografie; detaillierte bibliografische Daten sind im Internet über http://dnb.d-
nb.de/ abrufbar.

Impressum:

Copyright © 2018 GRIN Verlag
Druck und Bindung: Books on Demand GmbH, Norderstedt Germany
ISBN: 9783668841666

Dieses Buch bei GRIN:

https://www.grin.com/document/450185

Patrick Majunke

Vorbereitung und Durchführung eines Tests zur Prüfung der Usability einer Software vor Veröffentlichung

GRIN Verlag

GRIN - Your knowledge has value

Der GRIN Verlag publiziert seit 1998 wissenschaftliche Arbeiten von Studenten, Hochschullehrern und anderen Akademikern als eBook und gedrucktes Buch. Die Verlagswebsite www.grin.com ist die ideale Plattform zur Veröffentlichung von Hausarbeiten, Abschlussarbeiten, wissenschaftlichen Aufsätzen, Dissertationen und Fachbüchern.

Besuchen Sie uns im Internet:

http://www.grin.com/

http://www.facebook.com/grincom

http://www.twitter.com/grin_com

SCHLÜSSELQUALIFIKATIONEN FÜR STUDIUM UND BERUF (SQF60)

Assignment-Testat zum Software-Test-Projekt

Thema:
Empirische Forschung in der die Usability einer Software im Rahmen einer Simulationsphase vor Markteinführung getestet werden soll

Studiengang: Entrepreneurship und Innovation (MBA)

Datum der Abgabe: 15.05.18
Spätester Abgabetermin: 18.05.18

Patrick Majunke

Inhaltsverzeichnis

Abbildungsverzeichnis

Tabellenverzeichnis

1) Einleitung

1.1 Ausgangssituation

Die Ausgangssituation der zu planenden Forschung ist die Folgende: ein Software-Unternehmen steckt in der Entwicklung einer neuen Software. Das genannte Unternehmen möchte sicherstellen, dass auch die neue Software gut bei Ihren Nutzern ankommt und langfristig alte wie auch neue Kunden dazu bewegt diese zu nutzen. Dies wird unter anderem gewährleistet durch eine hohe Benutzerfreundlichkeit, mit der die Nutzer ihre Ziele erreichen können.

Um hier valide Aussagen zur Benutzerfreundlichkeit treffen zu können und um erforderliche Anpassungen bereits vor der Veröffentlichung durchführen zu können, möchte das Unternehmen die Usability Ihrer neuen Software auf den Prüfstand stellen. Mit diesem Hintergrund möchte das Unternehmen ein empirisches Forschungsprojekt aufsetzen, welches genau dies abdeckt. Nun gilt es zu entscheiden, welche Art von Test hier Anwendung finden soll. Darüber hinaus muss sichergestellt werden, dass Details der empirischen Erhebung und Auswertung möglichst detailliert geplant werden um eine hohe Qualität und Aussagekraft der Ergebnisse zu garantieren und im gleichen Zug auch das erforderliche Budget planbar zu machen.

Im Rahmen dieser wissenschaftlichen Arbeit, wird darüber hinaus noch einmal aufgezeigt, was Usability überhaupt bedeutet und was man unter Usability-Testings versteht. Außerdem, welche Testvarianten im Bereich Usability gängig sind und welche Vorteile einige Varianten gegenüber anderen haben, bevor genauer auf das konkrete Forschungsdesign und die Forschungsdurchführung eingegangen wird. Das Ziel des Unternehmens muss es sein, am Ende dieser Forschung klare Handlungsempfehlungen definieren zu können und die Anpassungen infolge daran durchzuführen. Dies erfolgt hier bereits in einem Stadium der Software-Entwicklung, sodass ohne großen Kostenaufwand Usability-Mängel entdeckt und vor Veröffentlichung behoben werden können.[1]

---

[1] http://www.fit-fuer-usability.de/archiv/benutzer-orientierte-gestaltung-interaktiver-systeme-gemaess-der-norm-iso-13407/

2) Begriffsklärung und Definitionen

2.1 Definition Usability

Ein Produkt kann einfach sein, ein Produkt kann kompliziert sein, unverständlich oder verständlich, unübersichtlich oder intuitiv. Wir als Benutzer stolpern immer wieder bei der Benutzung interaktiver Systeme, sei es der Fahrkartenautomat oder das neuste digitale Gerät. Um die Definition dieser Begrifflichkeit möglichst anschaulich einzuleiten ein paar Beispiele bekannter Situationen: Die neue Digitalkamera, mit der man ohne Probleme alle möglichen Optionen bearbeiten konnte bis zu dem Zeitpunkt als ein Gerät mit zahlreichen neuen Funktionen eingeführt wurde. Das entspannte Herunterladen von Musik und die intuitive Erstellung von Playlisten und deren Zuordnung, bis zum Wechsel des Telefons bzw. Betriebssystems.

Woran liegt es also, dass wir einige Systeme kaum oder zumindest nicht im vollen Umfang benutzen und andere vollumfänglich und ganzheitlich? Ist es dem Zufall überlassen oder gibt es Faktoren, welche darüber bestimmen und das beeinflussen? Und genau hier greift die große Thematik der Usability, welche genau dies nicht dem Zufall überlässt.[2]

Die Usability befasst sich grundlegend mit der benutzerfreundlichen Gestaltung von interaktiven Produkten. Die dafür geschaffene Norm, die ISO 9241-11, definiert Usability wie folgt: „das Ausmaß, in dem ein Produkt durch bestimmte Benutzer in einem bestimmten Nutzungskontext genutzt werden kann, um bestimmte Ziele effektiv, effizient und zufrieden stellend zu erreichen.[3] In anderen Worten heißt das, dass Usability dafür steht wie gut ein Benutzer ein dafür gestelltes Werkzeug im eigenen Umfeld zur Bewältigung der dazu vorhandenen Aufgaben einsetzen kann. Ziel hier muss es sein, dass Produkt optimal an die Benutzerwelt anzupassen. Ebenfalls lässt sich daraus ableiten, dass Usability keine einfache Eigenschaft eines Produktes ist. Dies lässt sich an einem Beispiel gut aufzeigen: Die Usability eines Schraubenziehers zum Eindrehen von Schrauben ist in der Regel sehr gut, wenn man diesen Schraubenzieher jedoch nutzt um Nägel zu schlagen, wird diese ziemlich schlecht abschneiden. Das Ziel welches zu erreichen ist, ist das was hier von Relevanz ist, weshalb dies immer im Kontext der Usability gesehen werden muss. Um ein paar Gütekriterien zu nennen: diese können unter anderem die Anordnung von Bedienelementen, Verständlichkeit angezeigter Dialoge oder die Anzahl notwendiger Klicks sein.[4]

---

[2] Richter, Flückiger (2016), S.1
[3] Fit für Usability (2016)
[4] Richter, Flückiger (2016, S.2

2.1.1 Dimensionen der Usability

Eine anschauliche Definition der unterschiedlichen Dimensionen der Usability liefert die erfolgreiche Usability-Expertin Whitney Quesenbery mit ihren 5Es, welche Sie wie folgt beschreibt:

Effective	Wie ganzheitlich und genau Ziele und Erfahrungen sind
Efficient	Wie schnell die Arbeit erledigt werden kann
Engaging	Wie gut das Interface den Nutzer durch die Interaktion führt und wie einfach und befriedigend die Nutzung hier ist
Error tolerant	Wie einfach das Produkt Fehlern vorbeugt und wie es Nutzern bei vorhandenen Fehlern hilft
Easy to learn	Wie gut das Produkt die intuitive Nutzung und Lerneffekte bei der langfristigen Nutzung sicherstellt[5]

Tabelle 1 – die Dimensionen der Usability nach Quesenbery

Um diese benutzerfreundliche Gestaltung zu messen und im Resultat auch zu optimieren, gibt es die verschiedensten Methoden welche es unter anderem erlauben Markterfolg schon vorab einzuschätzen und Änderungen hinsichtlich der Usability auch vor Launch der Software/Anwendung durchführen zu können.

2.2 Usability Testing

Wenn man vom Usability-Testing spricht, geht es um Aktivitäten welche sich mit der Beobachtung von Nutzern befassen, während Sie Aufgaben mithilfe eines bestimmten Produktes erledigen. Hierbei möchte man primär die Gebrauchstauglichkeit eines Produktes überprüfen, Schwierigkeiten erkennen und gegebenenfalls beseitigen oder auch optimieren. Diese Tests werden üblicherweise bei Prototypen und fertigen

---

[5] Barnum, (2011) S.12

Produkten angewandt, da es Nutzern bei früheren Entwicklungsstadien schwerer fällt sich das ganze Produkt vorzustellen.

2.2.1 Varianten des Usability-Testing

Dabei kann man auf verschiedene Varianten des Usability Tests zurückgreifen, die bekanntesten sind die Nutzung eines Usabilty-Labors und die „Thinking-Aloud-Method" (Lautes Denken), bei der die Versuchsperson aufgefordert wird, alles das was sie gerade denkt oder sucht, laut auszusprechen um jeden noch so kleinen Schritt nachvollziehbar zu machen. Etwas kostengünstiger, gibt es die Möglichkeit eines Remote-Usability Testes, bei welchem die Versuchspersonen nicht anwesend sein müssen, sondern diesen Test komplett online und von Zuhause oder Ihrem Arbeitsplatz ausführen können. Der klare Vorteil geht hier zum einen mit der einfacheren Rekrutierung von Versuchspersonen einher, da diese einen geringen Aufwand haben um teilzunehmen. Des Weiteren und wie oben schon erwähnt, ist diese Variante deutlich kostengünstiger als ein Usability-Labor, bei dem eine geeignete Räumlichkeit, die geeignete Technik und die ausreichende Anzahl an Moderatoren und Testleitern zur Verfügung stehen müssen. [6]

Entgegen dieser Nachteile eines Usability-Labors besagt eine Studie von eResult, bei der Sie 3 Erhebungsformen des Usability Testings miteinander vergleicht, dass durch Testleiter moderierte Evaluationsarten mehr quantitative und qualitative Ergebnisse ergeben als die automatisierten Verfahren. Hier wurden mehr Probleme der Usability identifiziert, als Begründung wurde die Interaktion mit dem Testleiter aufgeführt, welcher die Tester dazu anregte das Aufgetragene zielgerichteter und sorgfältiger zu bearbeiten. Man kam zu dem Schluss, dass ein Remote Test hier als alleinige Methode zur Optimierung einer Applikation nicht ausreicht. Sodass im Falle einer Softwarelösung, welche fertig ist aber dennoch auf Schwachstellen geprüft werden soll um Anpassungen vor Veröffentlichung vorzunehmen, durchaus zu einem Usability-Labor geraten werden kann um die Ergebnisse und im Resultat auch die beseitigten Probleme zu verbessern. [7]

Anbei und zusammenfassend noch einmal Vor – und Nachteile des Usability Labors bevor auf Forschungsdesign und Forschungsdurchführung eingegangen wird:

Vorteile:

- Schwachstellen der Benutzeroberfläche können unter Laborbedingungen eindeutig nachgewiesen werden
- Schwierigkeiten in der Anwendung werden sehr schnell deutlich

---

[6] Grünwied, (2017) S.149

[7] Barnum, (2011) S.13

- Alle Beteiligten können die Methode gut sichtbar verfolgen und der Benutzer wird unmittelbar mit einbezogen
- Die Laborbedingungen können optimal an die dafür nötigen Bedingungen angepasst werden um einen perfekten Ablauf zu garantieren
- Gütekriterien wie Reliabilität, Validität und Objektivität können hier besser eingehalten werden

Nachteile:

- Der Test ist sehr aufwändig, Faktoren wie Zeit, Geld und Personal müssen koordiniert werden und ausreichend zur Verfügung stehen
- Die Methode kommt erst dann zum Einsatz, wenn die Prototypen stehen und Testpersonen in der Lage sind selbstständig damit zu arbeiten [8]

3) Planung und Durchführung – Usability-Test im Labor

3.1 Die Definition eines Nutzungskontexts

Um den Nutzungskontext zu definieren muss noch einmal auf den Benutzer, die Aufgabe, organisatorisches, nötige Arbeitsmittel und die physische wie auch soziale Umgebung geachtet werden. [9]

3.1.1 Aufgaben

Im Rahmen der Vorbereitung des Usability Tests müssen Auftraggeber und Testleiter die Grundlage für eine Vergleichbarkeit schaffen. Dafür müssen Aufgaben erstellt werden, welche für alle Testpersonen die exakt die gleichen sind, man spricht hier auch von Standardaufgaben. Die Aufgabe muss sich an realistischen Abläufen orientieren, welchen der Nutzer auch bei normaler Nutzung der Software gegenübersteht. Dafür muss auch das System, entlang des Anwendungsszenarios, vorbereitet sein. In der Praxis muss also vorab sichergestellt werden, dass bestimmte Systemzustände abgebildet werden können um einen möglichst realistischen und reibungslosen Ablauf zu garantieren. [10]

---

[8] Richter, Flückiger (2016), S.108

[9] Nüttgens, Thomas (2014), S.146

[10] Richter, Flückiger (2016), S.103 ff.

3.1.2 Testpersonen

Der Auswahl der Testpersonen wird im Rahmen von Befragungen, Interviews und auch ganz konkret bei Usability-Tests eine große Bedeutung zugeschrieben. Diese begrenzte Anzahl muss möglichst repräsentativ für die Gesamtheit der perspektivischen Nutzergruppe der Software gewählt werden und auch bei der Anzahl der Testpersonen muss vorher eine klare Definition erfolgen. Zielgruppen werden unter anderem charakterisiert durch Geschlecht, Alter, Fachkenntnis, Erfahrung und Vernetzung. [11]

Bei der Entscheidung zur Anzahl der Testpersonen muss erst einmal klar sein, welche Ziele mit dem Test verfolgt werden. Wenn es lediglich um die wichtigsten Anwendungsszenarien einer Software geht, kann hier eine Anzahl von 5-7 Personen genügen um die [12]Applikation mit Hilfe eines Prototyps zu testen. Falls es sich hier um umfangreichere Nutzerszenarien handelt, bei denen mit großer Sicherheit jegliche Stolpersteine aus dem Weg geräumt werden sollen, sind weitere Testpersonen oder sogar Testserien notwendig. Zusammenfassend hier: für den Usability Test der Software, muss der Auftraggeber sicherstellen, dass er die Testpersonen möglichst nah an die bestehende und auch zukünftige Benutzergruppe anpasst.[13]

3.1.3 Rekrutierung der Testpersonen

Bei der Rekrutierung von Testpersonen, sollten den Anforderungen entsprechend ein breites Spektrum an Eigenschaften und Fähigkeiten erfüllt sein. Falls es sich um eine wiederkehrende Testreihe handelt, sollte eine Testpersonen-Datenbank geschaffen werden, welche es für zukünftige Benutzertest einfacher macht, geeignete Kandidaten zu finden. Eine angemessene Belohnung der Nutzer ist angemessen, was aber nicht zwangsläufig an Geld gebunden ist. Gutscheine oder Geschenke sind ebenfalls geeignet.[14]

3.1.4 Testleiter

Der Testleiter ist für den reibungslosen Ablauf der Testreihe federführend verantwortlich. Bei folgenden Kriterien muss dieser sicherstellen, dass sie eingehalten werden:

- er stellt sicher, dass es ein realistisches Szenario durchgeführt wird welches in Wirklichkeit so ablaufen würde
- es darf keine technische Anleitung zur Erfüllung des Ziels geben, das Ziel wird hier aus Benutzersicht formuliert

---

[11] Nüttgens, Thomas (2014), S.141

[13] Richter, Flückiger (2016), S.103 ff.

[14] Richter, Flückiger (2016), S.135

- der Testleiter muss Begrifflichkeiten und Bezeichnungen welche in der Software vorkommen vermeiden und muss sich hier stets neutral ausdrücken

Ebenfalls sollte der Testleiter die „Spielregeln" noch einmal klar definieren und die Testperson in die Ziele und den Ablauf des Tests einweihen. Folgende Regeln müssen vereinbart und kommuniziert werden:

- der Testperson ist es möglich den Test jederzeit zu unterbrechen oder sogar abzubrechen
- die Testperson muss aufgefordert werden laut zu denken damit die Beobachter diese nachvollziehen können
- die Beobachter greifen nur ein falls es wirklich notwendig ist. Das Ziel muss sein, den Testverlauf nicht u beeinflussen
- sofern die Testperson mit einer Aufgabe nicht weiterkommt, so kann sie diese selbstständig überspringen [15]

3.1.5 Raum

Bei der räumlichen Gestaltung sollte darauf geachtet werden, dass die Beobachter in einem abgetrennten und wenn möglich nicht sichtbaren Raum sitzen und einen klaren Blick auf das Test-Szenario bekommen. Die Beobachter protokollieren das Verhalten und die Schwachstellen der Nutzung. Im Testraum führen die Benutzer die zu erledigenden Test-Aufgaben mit der neuen Softwareversion durch und werden dabei mit 3 Kameras aus den verschiedensten Winkeln aufgenommen um dies später noch einmal auswerten und analysieren zu können. Die Testleiter sitzen näher an den Benutzern und greifen, wie im Abschnitt „Testleiter" beschrieben, nur im äußersten Notfall ein um den Ablauf nicht zu unterbrechen. Personen in den Reihen der Beobachter sollten Vertreter des Aufraggebers also des Unternehmens sein, welches seine Software testen möchte. Darüber hinaus sollten außerdem Entwickler und UX/Usability Experten hinzugezogen werden. Abbildung 1 zeigt die beschriebene Anordnung noch einmal auf.

3.1.6 Aufzeichnung und Technik

Zur Aufzeichnung des Tests in den unterschiedlichsten Kanälen, wird Gebrauch von Eye-Tracking Software (Blickbewegungsregistrierung), Videoaufzeichnungen der Testpersonen und Einwegspiegeln gemacht. Um den Nutzer in dem was er tut besser zu verstehen, hat es sich bewährt die oben ebenfalls schon angesprochene „Thinking-Aloud-Method" anzuwenden. Bei dieser verbalisiert der Nutzer all das was er tut und was er fühlt. Die gewonnenen Daten des Eye-Trackings, müssen in zwei Kategorien unterteilt werden. Es wird hier unterteilt in Fixxation und Sakkade, welche

---

[15] Richter, Flückiger (2016), S.103 ff.

sich bei handelsüblichen Eye-Tracking-Applikationen in der Regel direkt ausgeben lassen. Für den Test einer Softwarelösung ist besonders die Kategorie Fixxation von Bedeutung. Hier sind mehrfache und langfristige Fixxationen von Objekten sehr aussagekräftig, auch wenn dies immer in Anbetracht der Komplexität des jeweiligen Objektes betrachtet werden muss.[16]

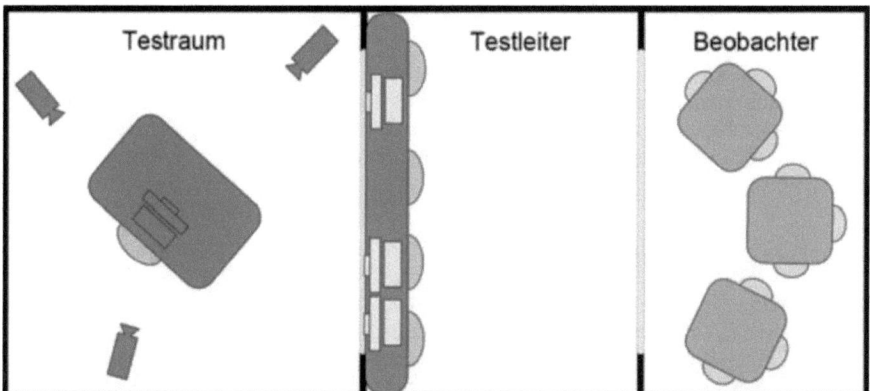

Abbildung 1 – zeigt die Anordnung des Raumes zur Durchführung des Usability Tests mit Testraum, Testleiter und Beobachtern. Die einzelnen Parteien sind durch Glaswände von einander getrennt.

3.2 Durchführung

Es bestehen die unterschiedlichsten Varianten zur Durchführung des Usability-Testings. In Anlehnung an die vorhandenen Anforderungen für den Usability-Test der Software und die dafür geschaffene Laborumgebung, sieht die Durchführung nun wie folgt aus:

1) Die Testperson wird mit der Software vertraut gemacht, die Grundfunktionen und Spielregeln werden erläutert (siehe Kapitel „Spielregeln") und der Proband wird in das Test-Szenario eingeführt – der Testleiter moderiert entlang der definierten Struktur.

---

[16] Nüttgens, Thomas (2014), S.143

2) Eye-Tracking, Beobachtung, Audio und Video Aufzeichnungen werden angewandt während die Testperson sich durch die Aufgabe begibt und dabei die „Thinking-Aloud-Method" anwendet, womit kontrollierte Bedingungen herrschen.

3) Post-Interview/Befragung des Probanden, welche sich an Kategorien wie z.B Aufbau, Design, Struktur, Texte und Bilder orientieren.

4) Die finale Verabschiedung des Probanden, bei der ihm noch einmal für die Kooperation gedankt wird und dieser im Besten Fall auch noch einmal in einen Pool von potenziellen Testprobanden hinzugefügt wird, welche für zukünftige Testreihen wieder zur Verfügung stehen und die Rekrutierung vereinfachen.

3.3 Post-Interview nach dem Benutzertest

Post Interviews werden nach Bearbeitung der Test Aufgabe durchgeführt und dienen dem flexiblen Erhalt von Informationen zur Nutzung, die während des Ausführens des Tests aufgekommen sind. Dieses Interview erlaubt es im Nachgang einen breiten und spezifizierten Überblick zur Meinung der Testperson zu erhalten und ermöglicht zugleich ein Nachfragen durch den geschulten Interviewer.

Folgende Rahmenbedingungen sind gegeben: Ausführend sind hier Interviewer und Testperson, zusätzlich wird eine 3.Person bestimmt, welche Notizen des Interviews schriftlich erfasst. Dies sollte nicht der Interviewer selbst durchführen um den Gesprächsfluss nicht zu hemmen und bietet den Vorteil, dass hier bereits bereits wichtige Informationen gefiltert werden. Der Ort sollte ein Gesprächstisch mit Aufzeichnungstechnik sein bei dem optional auch das Testobjekt verfügbar ist um der Testperson noch einmal bestimmte Situationen vorzuspielen im Falle des genutzten Eye-Tracking, wird der Person ein Aufzeichnungsvideo seines Blickverlaufs vorgeführt um hier retrospektiv auf einzelne Elemente (wahrgenommen oder nicht) einzugehen und darüber hinaus Gründe dafür zu erfragen und zugleich auch sein Erinnerungsvermögen zu verbessern. Des Weiteren müssen Kompromisse zwischen Wirtschaftlichkeit und Ausführlichkeit der Ergebnisse geschlossen werden, da eine detaillierte Auswertung sehr zeitaufwendig ist. Der Interviewer muss jegliche Beeinflussung, welche durch Fragestellung und Auftreten seinerseits entstehen kann, vermeiden. Die Testperson muss aus rechtlichen Gründen auf die Aufzeichnung hingewiesen werden und dieser ausdrücklich zustimmen.

Die Durchführung umfasst folgend 3 Schritte:

1. Die Testperson wird vom Testleiter über Dauer, Organisation, Regeln und Aufzeichnungstechnik im Detail aufgeklärt um einen reibungslosen Ablauf zu garantieren.
2. Um das Interview einzuleiten, sollte zum Anfang hin eine offene Frage zu den Eindrücken der Testperson platziert werden. Die Themenliste muss folgend sorgfältig durchgearbeitet werden, dabei muss der Testleiter darauf achten alle Fragen neutral und ohne eine Beeinflussung der Meinung der Testperson zu stellen, das Interview hat hier einen hohen Strukturierungsgrad inne, sodass es hier nicht zu einer Verfälschung der Ergebnisse durch unterschiedliche Interpretationen der Fragen kommt. Wichtig ist es dennoch an den richtigen Stellen nachzufragen um Probleme genauestens zu verstehen, hierbei kann auch von der eigentlichen Themenliste abgewichen werden um einen möglichst flüssigen und informativen Gesprächsverlauf zu gewährleisten. Darüber hinaus müssen unklare Aussagen so lang hinterfragt werden, bis diese vollumfänglich verstanden wurden.
3. Zuletzt wird das Gespräch beendet. Hierbei muss noch einmal geprüft werden, ob alle Themen aus der Themenliste abgearbeitet und besprochen wurden. Des Weiteren muss durch offene Nachfrage sichergestellt werden, dass die Testperson alle wichtigen Punkte die Sie selbst auch als wichtig befindet angesprochen hat. Da dieses Gespräch den letzten Schritt des Usability-Test darstellt, sollte das Gespräch mit einem Dank für die Kooperation beendet werden und die Verabschiedung der Testperson eingeleitet. [17]

---

[17] Grünwied (2017), 158 ff.

4) Zusammenfassung und Fazit

Zusammenfassend gibt es bei der Methodik, welche im Rahmen von Usability-Testings Anwendung findet, einige Optionen. Aufgrund der Ausgangssituation des Software-Anbieters und den Anforderungen seinerseits, hat sich gezeigt, dass ein Usability-Test im Labor die optimale Lösung ist, um die Basis für qualitativ hochwertige und für das Unternehmen wertvolle Ergebnisse zu liefern. Die Anzahl der Testpersonen kann 5-7 überschreiten, falls es gewünscht ist eine sehr detaillierte Fehlerbehebung vorzunehmen. Hier ist es wichtig die Kosten mit dem Nutzen zu vergleichen um dann zu entscheiden, wie viele Personen rekrutiert werden sollen. Bei der Auswahl sollte auf eine Personengruppe zurückgegriffen werden, welche die bestehenden und zukünftigen Kunden möglichst realistisch abbildet. Ebenso muss der Raum in Aufteilung und Organisation möglichst detailliert vorbereitet werden, die Technik in diesem Raum muss zum Testzeitpunkt überprüft und einsatzbereit sein. Der geschulte Testleiter sorgt für einen reibungslosen Ablauf und schafft einen klaren Rahmen, in dem sich Ablauf und Umfeld der Testperson möglichst nah an der Realität befinden. Während die Testperson die vorab definierte Aufgabe mithilfe der Software erledigt, wird diese die „Thinking-Aloud-Method" anwenden und dabei mit Kameras gefilmt. Bei dieser Methode, wird die Person dazu aufgefordert alles was sie tut oder denkt laut auszusprechen um dieses zu Protokoll führen zu können. Auch die Mausbewegungen und die Augenbewegungen der Person werden mithilfe von Software und spezieller Eye-Tracking Ausrüstung erfasst, besonders die Fixxationspunkte spielen beim Eye-Tracking eine entscheidende Rolle und können Mängel in der Nutzung aufdecken. Im Anschluss an die Ausführung der Aufgabe mithilfe der Software, begibt die Testperson sich in ein Post-Interview. In diesem Post-Interview wird die Testperson noch einmal aufgefordert den vorherigen Benutzertest mit der Software zu reflektieren, was mit offenen Fragen zum Einstieg erfolgt. Im Anschluss arbeitet der Interviewer eine Themenliste ab, zu welcher die Testperson ihr Feedback gibt und detailliert verstehen muss (durch wiederholtes Nachfragen) was die Antworten des Befragten für ihn bedeuten. Im letzten Schritt des Tests, muss noch einmal erfragt werden ob die Person die Möglichkeit hatte alle für sie wichtigen Punkte anzusprechen, bevor man sie dann höflich und mit einem Dank für die Kooperation verabschiedet. Im Anschluss daran, müssen alle erhobenen Daten der Tester abgelegt werden, sodass man diese auswerten kann und man in der Lage ist die erforderlichen Mängel in der Usability vor Veröffentlichung der Software zu beseitigen.

Anhang

Anhangsverzeichnis

Abbildung 1: Anordnung des Raumes zur Durchführung des Usability Tests mit Testraum, Testleiter und Beobachtern

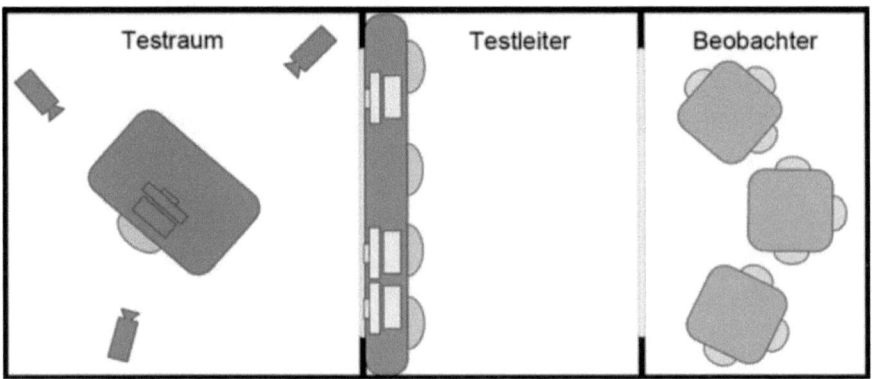

[18]

---

[18] Nüttgens, Thomas (2014), S.106

Tabelle 1: die Dimensionen der Usability nach Quesenbery

Effective	Wie ganzheitlich und genau Ziele und Erfahrungen sind
Efficient	Wie schnell die Arbeit erledigt werden kann
Engaging	Wie gut das Interface den Nutzer durch die Interaktion führt und wie einfach und befriedigend die Nutzung hier ist
Error tolerant	Wie einfach das Produkt Fehlern vorbeugt und wie es Nutzern bei vorhandenen Fehlern hilft
Easy to learn	Wie gut das Produkt die intuitive Nutzung und Lerneffekte bei der langfristigen Nutzung sicherstellt[19]

---

[19] Barnum, (2011) S.12

Literaturverzeichnis:

Buchquellen:

Nüttgens, M., Thomas, O. (2014): Dienstleistungsproduktivität, Springer Gabler Verlag. 1.Auflage, Wiesbaden 2014.

Wiedenhöfer, T. (2015): Community Usability Engineering, Springer Vieweg Verlag. 1.Auflage, Wiesbaden 2015

Richter, M., Flückiger, M. (2016): Usability and UX kompakt, Springer Vieweg Verlag. 4.Auflage, Wiesbaden 2016

Barnum, C. (2011): Usability Testing Essentials, Morgan Kaufmann. 1.Auflage, Burlington 2011

Grünwied, G. (2017): Usability von Produkten und Anleitungen im digitalen Zeitalter, Publicis Publishing. 1.Auflage, Erlangen 2017

Internetquellen:

http://www.fit-fuer-usability.de/archiv/benutzer-orientierte-gestaltung-interaktiver-systeme-gemaess-der-norm-iso-13407/

http://www.fit-fuer-usability.de/archiv/einfuehrung/)

http://www.fit-fuer-usability.de/archiv/benutzungstests/

BEI GRIN MACHT SICH IHR WISSEN BEZAHLT

- Wir veröffentlichen Ihre Hausarbeit,
  Bachelor- und Masterarbeit

- Ihr eigenes eBook und Buch -
  weltweit in allen wichtigen Shops

- Verdienen Sie an jedem Verkauf

Jetzt bei www.GRIN.com hochladen
und kostenlos publizieren